Henri K. Adjogble

Le Guide de l'excellence

Henri K. Adjogble

Le Guide de l'excellence

Votre guide d'auto coaching pour atteindre l'excellence

Éditions Vie

Imprint

Cover image: www.ingimage.com

Publisher:
Éditions Vie
is a trademark of
International Book Market Service Ltd., member of OmniScriptum Publishing Group
17 Meldrum Street, Beau Bassin 71504, Mauritius
Printed at: see last page
ISBN: 978-613-9-58984-5

LE GUIDE DE L'EXCELLENCE

Votre Guide d'auto coaching pour atteindre l'excellence

Collège et Lycée (toutes séries)

LE GUIDE DE L'EXCELLENCE

Votre Guide d'auto coaching pour atteindre l'excellence

Par

Henri K. **ADJOGBLE**

&

Parfait EBLI **AKAKPO**

Collège et Lycée (toutes séries)

LE GUIDE DE L'EXCELLENCE

Achevé d'être imprimé le : 14 Octobre 2019

Tél : **00228 921-07-275** / E-mail : **komlanadjogble@gmail.com**
Mise en page : Spéro E. TOHONOU-MENSAH

DEDICACE

A vous
Chers Elites de demain,

A votre excellence !!!

REMERCIEMENTS

Nous tenons à faire l'éloge des nombreuses personnes qui ont contribué à améliorer cet ouvrage et qui nous ont indéfectiblement soutenus tout au long de ce parcours passionnant.

A **Marcellin S. GANDONOU,** Coach-Formateur & Conférencier international, pour son soutien constant et sa disponibilité inconditionnelle.

A sa femme **Madame GANDONOU ADEGBOLA Mouinath**, pour son soutien et pour avoir lu notre manuscrit, avoir apporté ses corrections pour un meilleur rendu fluide et digeste. Elle est juste magnifique !

A **Pacôme Kossi ADOGOU,** Directeur Administratif et Financier, qui depuis cinq (05) ans ne ménage aucun effort en termes d'énergie, de finance et de temps pour nous accompagner et investir dans le développement d'une génération de jeunes excellents.

A **YERIMA Fahd**, Employé de Banque à l'**Union Togolaise de Banque (UTB)** pour sa grosse générosité et son soutien inconditionnel pour l'excellence dans l'éducation de la jeunesse.

A **Yéhowali Afi DAVUI**, Assistante de Direction au cabinet H&C Magazines Togo pour ses conseils et son intense implication dans la réussite de ce projet.

A Monsieur **René PANOU**, **Directeur des écoles, Fondateur** du Lycée et Collège **RENE-MARTINE (RM)** pour l'impact de sa mission et une vie entière dédiée à une éducation de qualité en faveur de la jeunesse.

Merci à tous.

SOMMAIRE

AVANT-PROPOS 13

PRÉFACE 17

COMMENT CREER SON CADRE DE REUSSITE 21

Quatre secrets de la réussite scolaire 22

SECRET 1 : DEFINIR SES OBJECTIFS 22

Restez motivés 27

RENFORCEZ VOTRE DETERMINATION 29

LIBEREZ LE PLEIN DE VOTRE POTENTIEL 33

Quelques exemples illustratifs pour transformer vos faiblesses en force 33

CINQ (05) HABITUDES A DEVELOPPER POUR DEVENIR EXCELLENT 35

SECRET 2 : RESTEZ FIDELES A VOS OBJECTIFS 39

Comment gérer vos pensées 39

Examen sur la gestion de vos émotions 41

SECRET 3 : PRENEZ CONSCIENCE DE VOS POTENTIELS ILLIMITE 43

SECRET 4 : LE RESPECT DE SOI ET DE SON ENVIRONNEMENT 47

Fiche d'optimisation de la performance journalière 49

RESPECTEZ LES REGLEMENTS INTERIEURS DE VOTRE ETABLISSEMENT SCOLAIRE 52

ONZE QUESTIONS D'AUTO RECADRAGE 53

RAPPELS DES FONDAMENTAUX 58

Les objectifs 58

L'action 58

L'enthousiasme 59

COMMENT APPRENDRE ET MIEUX MEMORISER 61

COMMENT ETUDIER EFFICACEMENT EN CINQ (05) ETAPES 63

LA LIBERATION : CE QU'IL FAUT SAVOIR ET DEMEURER GAGNANT 67

SEPT (07) CHOSES A FAIRE POUR AUGMENTER SON QUOTIENT INTELLECTUEL 69

CONCLUSION 71

"L'audace a du génie, du pouvoir et de la magie."

Johann Von Goethe

AVANT-PROPOS

La réussite scolaire dépend de plusieurs facteurs mais le facteur primordial reste l'élève lui-même. Premier acteur de sa réussite, l'élève doit s'offrir certaines dispositions conatives (comportementales) et cognitives (psychologiques) lui permettant de créer son cadre de réussite. Conscients des exigences de notre ère qui nécessite rigueur, compétitivité, leadership et l'excellence, nous nous obligeons de relever le défi de l'excellence des jeunes en milieu scolaire. Libérer le plein de nos potentiels et assurer l'excellence pour tous et toutes en milieu scolaire représentent la source de notre engagement et notre vision. Au cours de plusieurs interventions auprès des collèges et lycées, nous avons l'habitude d'entamer nos communications par cette question : quel est votre objectif pour l'année qui vient de commencer ? Surprenantes peuvent paraître les réponses mais nous nous disons toujours que c'est normal car nous avons compris que ces réponses ne sont que la conséquence de leur état d'esprit. Les réponses étaient pour la majorité unanime : ***Je veux réussir à la fin de l'année.*** Souvent à cette réponse nous leur demandons à savoir ***qui est présent dans cette salle et qui souhaite redoubler après neuf (09) mois d'efforts consentis ?*** Généralement, cette question reste sans réponse. Nous expliquons souvent aux apprenants présents ***qu'il est vrai que tout le monde veut réussir et c'est un objectif commun à tous mais pour être meilleur il faut être précis. Précis en ce sens qu'il faut se fixer un objectif en termes de moyenne d'excellence qu'on doit s'obliger à atteindre. Par exemple, il sera plus challengeant de se fixer un objectif comme : « Je réussis à la***

fin de l'année avec une moyenne de 18,85/20 et je suis le plus excellent de ma promotion.» Le manque d'objectif et surtout de précision et d'accompagnement des apprenants dans leurs efforts fournis au cours de l'année scolaire est pour nous l'une des causes de l'échec. Face à la baisse inquiétante du taux de réussite en milieu scolaire et universitaire de nos jours, des réflexions ont été menées par deux jeunes togolais diplômés en sciences humaines et sociales à l'Université de Lomé et qui en exposent les résultats à travers ce livre qui se veut porteur d'une révolution dans le changement positif des mentalités et comportements auprès de tous les apprenants africains. Ils contribuent ainsi au développement de la jeunesse africaine, la relève de demain.

Exprimer une volonté est un début, la traduire en objectifs précis reste un gros défi pour la plupart des apprenants. Ce livre se veut un guide de formation de motivation et de coaching des apprenants. Nous espérons assurer l'éclosion mentale des jeunes apprenants pour enfin remédier aux vieux maux dont souffre l'éducation scolaire. Par cette approche, nous éveillerons le génie intellectuel de chaque apprenant et nous créerons des hommes de valeur, ceux qui savent agir et prendre des décisions.

A travers ces lignes, nous travaillerons sur comment créer son cadre de réussite à partir de quelques principes clés de définition des objectifs. Nous avons consacré une partie à la motivation axée sur des histoires inspirantes de Leaders qui ont marqués l'humanité par leurs résultats. Nous poursuivrons avec un test psychométrique d'éveil de conscience et nous finirons par quelques astuces pour mieux apprendre et mémoriser ses cours pour devenir excellent.

Nous rappelons que ce guide est le résultat des années passées dans l'accompagnement des apprenants et le désir de proposer un contenu pouvant les aider à mieux structurer leur année scolaire afin de mieux canaliser leur énergie et optimiser les ressources mises à leur disposition en soulageant les différents acteurs impliqués dans leur encadrement par leur réussite.

Nous exhortons les parents d'élèves, enseignants, répétiteurs et tous les acteurs de l'éducation à faire de ce livre un guide d'accompagnement pour leurs enfants et à les amener à mettre scrupuleusement en pratique ces outils que nous mettons à leur disposition.

«Quand un enfant vit entouré d'encouragement, il sait agir.»

PREFACE

Ne levons pas nos yeux vers le ciel en disant "un énième manuel de coaching !"

C'est une planche de salut, une main tendue vers nos enfants.

Une main tendue vers nos enfants pour les tirer de l'obscurité de la médiocrité vers la lumière de l'excellence.

Chers lecteurs, vous verrez que l'autodiscipline ajoutée à des objectifs bien définis, à l'action et à l'enthousiasme vous mettra toujours à la première place.

Appropriez-vous ce manuel destiné à vous connaître vous-même, à prendre conscience de vos potentialités et à comprendre que vous pouvez être maître de votre destin.

Amis lecteurs, prenez soin de ce guide.

Il vous enseigne que la persévérance paie. Que la réussite est le résultat de petits efforts journaliers. Soyez toujours positif, relevez les défis !

J'ai la chance de faire la connaissance des auteurs du **"Guide de l'Excellence".** Véritable outil qu'ils mettent entre les mains de la jeunesse.

Que ce livre soit source d'espoir et de perfection vers l'excellence. L'excellence qui découle de cette disposition à bien faire qu'est la volonté.

René PANOU
Directeur des écoles
Fondateur du Lycée et Collège

RENE - MARTINE (RM), La maison de l'enfant TOGO

Nous vous souhaitons une bonne année scolaire/académique.

Que les bénédictions soient !!!

« Que notre esprit s'ouvre au trésor incommensurable de l'intelligence et de la sagesse afin qu'émergent de notre être les grandes créations et inventions des siècles à venir ».

Henri K. ADJOGBLE

COMMENT CREER SON CADRE DE REUSSITE

QUATRE (04) SECRETS DE LA REUSSITE SCOLAIRE

Chers apprenants, ces quatre secrets ne représentent nulle part la baguette magique d'Harry POTTER mais une révélation des potentiels enfouis en nous et dont nous devons prendre conscience, pour les utiliser en vue de notre réussite. L'une des dimensions intérieures de notre vie, le subconscient représente le magasin de nos potentiels infinis: nos vertus, nos forces, nos qualités, nos principes positifs etc. Agir sur notre subconscient à travers nos portes d'ouverture sur le monde physique que sont nos cinq sens : la vue (les yeux), le toucher (la peau), le goût (la langue), l'odorat (les narines) et l'ouïe (les oreilles) nous permet d'impacter la vie en général et recevoir d'elle toutes ses richesses matérielles et immatérielles. Tout ce qui nous entoure constitue un miroir pour notre subconscient. Nous devons donc savoir regarder et apprendre à visualiser.

SECRET 1 :

DÉFINIR LES OBJECTIFS

Elaborer (mettre sur papier) les objectifs pour l'année en cours couronnés de notre vision d'ici quatre (04) à cinq (05) ans voire dix (10) ans. Ces objectifs doivent être précis et notre vision bien déterminée.

PRATIQUE : Sur un papier rame ou dans un cahier destiné à cet effet, rédigez vos objectifs. Les objectifs doivent être écrits au présent de l'indicatif.

Objectif 1 : l'objectif 1 doit être consacré à définir

dans les détails le métier que nous voulons faire dans l'avenir. Cette méthode nous permet de développer notre détermination et active le feu de notre volonté. Rappelez-vous que plus vous savez la destination, mieux vous vous organisez et vous vous apprêtez à faire le chemin.

Exemple : *d'ici cinq (5) ans ou sept (7) ans, je suis ingénieur en conception mécanique, je révolutionne le domaine de la mécanique par mes conceptions et j'aide l'humanité à vivre mieux.*

Objectif 2 : l'objectif 2 sera consacré à définir votre moyenne d'excellence selon votre classe. Connaître exactement la moyenne d'excellence que vous voulez atteindre à la fin de l'année vous permet de mieux travailler à optimiser sur vos points forts et travailler doublement pour améliorer vos faiblesses.

Exemple : *Je réussis brillamment cette année scolaire avec une moyenne de 19/20 et je suis le meilleur élève de ma promotion. Je reçois des bourses d'études et je suis fier d'être le plus excellent.*

Objectif 3 : l'objectif 3 se résume à dresser son bulletin trimestriel à suivre scrupuleusement. Il nous permet de faire le suivi de notre performance et avoir un regard d'amélioration au cours de l'année.

Ceci est une méthode qui nous permet de renégocier notre ***objectif 2***, surtout en le rehaussant et ne jamais le revoir à la baisse. Comme nous allons le découvrir dans le secret 2 ;

Il faut toujours rester fidèle à ses objectifs. Les leaders revoient toujours leurs objectifs en les maintenant pour les atteindre et s'il y a lieu de le renégocier, ils le revoient toujours à la hausse parce qu'ils s'améliorent constamment.

Travail à faire : établir un bulletin personnel. Lister toutes les matières au programme et leurs coefficients, de même que les matières facultatives. Attribuez-vous des notes (toujours la note d'excellence) puis calculez votre moyenne. Vous devez avoir après le calcul la moyenne d'excellence que vous vous êtes fixé dans ***l'objectif 2***

- A la fin de chaque mois nous devons faire un bilan et évaluer nos performances. Revoir et corriger « **ce qui n'a pas marché** »
- Mettre nos objectifs sur des "post-it" (notre table d'études ou un endroit nous permettant de les voir chaque jour)

Je passe à l'action : Mes objectifs

Objectif 1 : ____
____
____
____
____
____
____
____
____
____
____
____
____
____
____

Objectif 2 :

Objectif 3 :

Objectif 4 : Mon bulletin du trimestre. Vous pourrez pour être encore plus efficace faire un bulletin mensuel.

Matières / UE [(2)]	Coeff [(1)]	Note 01	Note 02	Note 03 / Devoir	Note 04 / Compo	Moyenne / Matière
Total Coeff		Moyenne Totale				

[(1)]Coeff = Coefficient
[(2)]UE = Unité d'Enseignement

$$\textbf{Moyenne / Matière} = \frac{\sum \text{des Notes dans la matière}}{\text{Nombre de notes}}$$

Total coefficient = La somme totale des coefficients

$$\textbf{Moyenne Totale} = \frac{\text{Somme totale des Moyennes/matière}}{\text{Total des coefficients}}$$

Restez motivés

Lisez et relisez chaque fois vos objectifs. Nous devons aimer nos objectifs et y rester fidèles. « Chaque jour, chaque instant est un nouveau départ, donnons-nous du courage et avançons quoiqu'il arrive ».Se concentrer chaque jour sur ses objectifs. Prenons deux à cinq minutes chaque jour pour nous adresser une prière et renforcer notre engagement à atteindre nos objectifs. Nous devons prendre conscience que les difficultés ne cesseront d'apparaitre, mais il faut savoir que c'est parce qu'il y a des difficultés, des problèmes que les grands projets sont nés, des grandes inventions ont été réalisées. C'est parce qu'il y a des difficultés que nous devons avancer, agir et trouver des solutions louables. Les difficultés nourrissent notre être. Prenons garde au désespoir.

Il peut arriver que nous ayons une note de 08/20 dans une matière pour laquelle nous nous sommes fixés un objectif de 18/20. Ça peut arriver. Alors c'est en ce moment que nous devons manifester notre pouvoir Divin : se ré-déterminer et avancer. « **Devant toute difficulté, le perdant ne voit que difficulté, avance des excuses et au final échoue alors que le gagnant regarde des opportunités de réussite, travaille et réussit toujours». Les difficultés sont la source de grandes motivations de cette vie. C'est en ce moment que nous manifestons notre première nature, celle de Dieu inhérente à toute vie.**

A chaque fois que la peur nous guette renforçons notre détermination en visionnant avec joie et confiance nos objectifs rien que nos objectifs.

RENFORCEZ VOTRE DETERMINATION

Prenez conscience que vous avez deux (02) serviteurs à vos ordres. Ces 2 serviteurs se mettent au travail pour vous dès que vous leur donnez vos instructions. Je les appelle le serviteur Défaite et le serviteur Victoire ! Le moindre signal mental suffit à les appeler.

- Si dès le matin vous vous dites : "Ça va être une mauvaise journée"
  Dans l'instant, votre serviteur Défaite va "fabriquer" des faits qui vont vous donner raison. Il va vous rappeler que le temps est mauvais, que vous êtes énervé, que votre professeur de Maths, des sciences physiques, d'anglais ou de français vous agace. Ce serviteur Défaite est redoutable d'efficacité.

- Si vous dites dès les premières minutes du matin : "Que cette journée va être magnifique"
  Votre Serviteur Victoire va vous accompagner pour vous stimuler. Vous serez plus efficace. Vos contacts plus fructueux et vous passerez une excellente journée.

- Si vous avez un but dans votre vie et que vous vous dites : "Je pense que je n'y arriverai jamais"
  Vous employez de facto votre serviteur Défaite qui va vous montrer votre incapacité à réussir votre projet. Vos manquements, vos insuffisances vont apparaître dans votre esprit dans l'instant ; et vous ne commencerez RIEN !

- Si vous dites : "Je sais que je peux réussir ou atteindre cet objectif"

Votre serviteur Victoire arrive et vous livre immédiatement des "raisons" de commencer. Vous serez attirés vers les bonnes opportunités, les bons choix, les bonnes décisions et vous mobiliserez vos atouts. Vous serez guidé(e) vers le succès.

C'est VOUS qui décidez si vous devez employer le "Serviteur Défaite", ou le "Serviteur Victoire" dans votre journée. Plus vous donnerez d'emploi à l'un ou à l'autre, plus vous donnez de PUISSANCE à l'un des deux. Si vous donnez plus de travail au serviteur Défaite, il va prendre plus de pouvoir dans votre vie et il risque de contrôler et d'empoisonner votre existence. Si vous employez votre serviteur Victoire, dès qu'une idée novatrice vous traverse l'esprit, il vous donnera la force, la motivation et vous indiquera les chemins de la réussite.

Quel serviteur voulez-vous employer ?

____

____

____

____

Le succès demande de l'énergie. En la gaspillant, en voulant aller très vite, vous faites l'erreur de 98 % des gens qui échouent.

Faites une liste de 10 affirmations positives que vous allez répéter chaque matin pour booster votre enthousiasme et votre énergie.

Exemples

- *Dieu m'aime en tant que son fils et m'illumine afin que je comprenne mieux les cours*

- *J'ai à chaque fois de meilleures notes (20/20) au cours des devoirs*
- *Je suis fier(e) de moi et de jour en jour l'Eternel me fortifie*
- *Je pose à chaque cours au moins une question afin de mieux comprendre…*

1) ____

____

____

____

2) ____

____

____

____

3) ____

____

____

____

4) ____

____

____

____

5) ____

____

____

6) ____

____

____

7) ____

____

8) ____

9) ____

10) ____

LIBEREZ LE PLEIN DE VOTRE POTENTIEL

Au bout de 30 ans d'études, il découvre l'ingrédient du succès et de l'échec. Napoléon Hill a étudié pendant 30ans les personnes qui ont réussi ... surtout celles qui ont échoué. Sa conclusion est définitive et tranchante. Hill explique que le premier facteur de l'échec :

- n'est pas le manque d'études
- n'est pas le manque d'argent
- n'est pas le manque de chance...

→ **Mais le facteur d'indécision!**

Les personnes qui obtiennent de la vie ce qu'elles ambitionnent, décident vite et sans attendre le bon moment. Elles commencent sans avoir les éléments, sans avoir les moyens, sans avoir les outils, sans attendre que les conditions soient réunies. Dans la plupart des situations les moyens que nous espérons sont toujours insuffisants, la seule chose dont nous sommes convaincus est l'effort que nous avons à faire par nous-mêmes pour atteindre nos objectifs.

QUELQUES EXEMPLES ILLUSTRATIFS POUR TRANSFORMER VOS FAIBLESSES EN FORCE

Tous ceux qui ont réussi leur vie et qui se sont forgés une renommée : les stars de cinéma, musique, les érudits (savants), les grands écrivains... ont transformé en un moment de leur vie leurs faiblesses en force raison pour laquelle aujourd'hui vous les appréciez, les imitez, même vouloir leur ressembler. Lisez bien ce qui suit :

- Albert Einstein était considéré comme un élève déficient. A 9 ans, il parlait en hésitant. Il rata son examen d'entrée à l'institut de Zurich. Aujourd'hui il figure comme l'un des génies des temps présents. **Soyez audacieux, l'audace a du génie.**

- Walt Disney a fait faillite avant de devenir producteur de cinéma. Humilié pour sa médiocrité en rédaction de scénarios, il est devenu le numéro 1. **Perfectionnez-vous.**

- Beethoven, perçu comme le plus grand compositeur de tous les temps, perdit le sens de l'ouïe, mais continua à créer quelques-unes des plus belles de ses symphonies. Les handicaps ne sont jamais une excuse pour paresser. **Il faut toujours viser l'excellence.**

- Pour gagner des médailles sur une course qui ne dure que 10 secondes, Usain Bolt s'est entrainé dur pendant plus de 10 ans. Entrainez-vous en faisant vos devoirs.
- Pour inventer l'ampoule, Thomas Edison a fait plus de 10.000 essais soldés par des échecs. Il a réussi aux 10.001 essais.

  Il faut toujours persévérer.

« Très souvent ce que la vie vous fait porter, est aussi la clef pour grandir votre existence vers plus de bonheur et de réussite ».

CINQ (05) HABITUDES A DEVELOPPER POUR DEVENIR EXCELLENT

A. Définissez des objectifs pour chaque matière / UE. Soyez toujours présent et attentif au moment de dispense des cours. Intégrez que toutes les matières se valent. Aussi importantes que sont les matières fondamentales, autant le sont les matières facultatives.

B. Ayez toujours à côté des mains un calepin dans lequel vous notez les explications clés de l'enseignant. Prendre soin de relire souvent ces notes au moment de la révision.

C. Posez suffisamment de questions pour mieux comprendre les cours. Développez l'habitude de poser au minimum trois questions avant la fin d'un cours. Demandez toujours à comprendre ce que vous n'arrivez pas à mieux comprendre.

D. Lisez systématiquement les cours reçus quotidiennement et traitez les exercices d'application avant de sauter sur les fascicules d'exercices.

E. Respectez scrupuleusement votre emploi du temps et le règlement intérieur. Développez votre auto discipline.

Bonus : Ayez toujours un Dictionnaire à côté quand vous révisez vos cours ou lisez un livre.

Checking de mes capacités pour atteindre mes objectifs fixés

Les fondamentaux à se rappeler :

- Savoir que toutes les matières se valent. Prenez conscience de cela. Evitez de sélectionner les matières,
- Changer votre attitude au moment de la dispense des cours,
- Commencer à aimer toutes les matières au programme
- Être plus attentif en classe et poser autant de questions que vous pourrez. Toutes les questions ont un sens d'être. Il n'existe pas de questions dites "bêtes".

Rappelez-vous de cette affirmation qui dit : « **si vous n'avez rien à perdre et que vous n'aurez qu'à gagner en demandant ... alors demandez** » ou la Bible n'a-t-elle pas dit : « **demandez et on vous donnera ...** »

- Chercher des fascicules d'exercices dans toutes les matières même celles que vous jugez autrefois de matières "pas trop nécessaires"
- S'exercer chaque moment. C'est en s'exerçant qu'on éveille son génie. Attention ! ne jamais s'exercer sans avoir appris le cours. Apprenons nos cours, faisons nos exercices d'application d'abord (très important).
- Prenons soin de toujours marquer lisiblement nos exercices traités et faisons autant pour nos cahiers d'exercices.

Exemple :
Cahier d'exercices de.......................... (Mettre la matière).
Répertorier chaque exercice traité : - examen... - exercice N°... ou mettre le titre du livre d'exercices, - page ... exercice N°...

Matières dans lesquelles je m'en sors "bien"	Matières dans lesquelles je suis "faible"
Lister ces matières 1) 2) 3) 4) 5) - - - -	Lister ces matières 1) 2) 3) 4) 5) - - - -

Répondez à cette question dans les détails :

« Que dois-je faire pour m'améliorer ? »
- **Prendre chaque matière/UE** (Matières/UE dans lesquelles je m'en sors "bien") **et décliner des actions concrètes à engager aussitôt pour renforcer vos capacités.**

1) ____

____

____

2) ____

____

3) ____

____

____

4) ____

____

____

- **Prendre chaque matière/UE** (Matières/UE dans lesquelles je suis "faible") **et décliner des actions concrètes à engager aussitôt pour vous améliorer**

1) ____

____

____

2) ____

____

____

3) ____

____

____

4) ____

____

____

SECRET 2

RESTEZ FIDELE A VOS OBJECTIFS

Rappelons-nous que le succès s'édifie avec le temps. Il faut chaque jour gagner en centimètre. Chaque instant détermine notre réussite, nous devons agir ; faire un pas à chaque instant. Ne dit-on pas qu'un voyage de mille pas commence toujours par le premier pas ? « C'est en imaginant notre réussite comme un bâtisseur de cathédrale (pierre après pierre) que nous garantissons un succès solide ». Ne laissez jamais quelqu'un vous dire que vous ne pouvez pas.

Comment gérer nos pensées ?

En face d'une situation ou un exercice, qu'elle ou qu'il soit facile ou difficile, c'est nous seuls qui décidons de comment la gérer ou le traiter.

Si vous vous posez la question : pourquoi je suis incapable de... ? Ou pourquoi je n'arrive pas à traiter... ? La réaction chimique de votre cerveau va puiser dans les ressources "incapables" et en quelques secondes vous sentez la démotivation et la peur vous envahir, enfin on abandonne.

En revanche, si votre réaction ou votre question est: ***comment faire pour réussir...*** ? Immédiatement votre cerveau va puiser dans les ressources "capables" de réussir. Vous avez alors des idées, des solutions, l'énergie, l'enthousiasme pour agir et mobiliser votre potentiel de réussite. En conclusion, sachez que notre cerveau répond toujours de façon "neutre". Posez lui des questions mentales fécondes, il vous guidera vers vos atouts et vos forces.

Nous devons pour avancer et garder confiance en nous-mêmes demander toujours et sans relâche la bénédiction Divine. « Le véritable test de notre foi, c'est le temps, ce sont les difficultés, c'est notre patience ».

Examen sur la gestion de vos émotions :

- Es-tu patient(e) ou impatient(e) ? Décris ton état émotif face à une situation ou un exercice difficile.

____
____
____
____
____
____
____
____
____
____
____
____
____

- Quelles sont tes émotions face à un exercice déjà vu ? Décris-les en étant bien précis

____
____
____
____
____
____

❖ Décris les résultats ou les notes que tu reçois souvent dans les deux cas.

- Premier cas : situation ou exercice difficile

- Deuxième cas : exercice déjà vu

❖ Quel recadrage décides-tu de faire dorénavant face aux deux situations ?

Anecdote : *Adopter la technique de la lionne.*
Dans un documentaire sur les animaux, j'ai appris que le léopard peut faire 50km/h, un vrai bolide n'est-ce pas ?

Mais son handicap est qu'il se fatigue très vite, souvent il abandonne sa proie par faute d'énergie.

Par contre la lionne peut courir ou marcher derrière sa proie pendant plusieurs minutes voire des heures sans se fatiguer. Au final elle ramène toujours à manger à ses petits (lionceaux). Soyez patient, vous y gagnerez en énergie et en résultat car vous serez plus performant et plus endurant.

« La réussite se détermine par la qualité de personne que nous devenons »

Didier PENISSARD

SECRET 3

PRENEZ CONSCIENCE DE VOS POTENTIELS ILLIMITES

« Il faut aller de l'avant sans être découragé quoiqu'il arrive. Tout le monde possède des potentiels illimités. Ce n'est pas que vous n'êtes pas capable, mais c'est que vous ne manifestez pas votre capacité. Soyez courageux et lancez-vous des défis avec vigueur ».

DAISAKU Ikeda

Nous sommes d'une capacité illimitée et unique en notre genre. Ne nous limitons pas dans nos décisions, soyons toujours et toujours créatifs car nos pensées déterminent notre destinée. « Cherchez et vous trouverez » n'est-ce pas une loi de Dieu ?

« La chance compte pour 1% dans la réussite, le reste est composé de 99% de choix, de décisions et de persévérance ».

Didier PENISSARD

Nous disposons de tout pour réussir car c'est nous qui décidons de notre vie. Cependant, il faut être clair et précis dans la prise de nos décisions. **La précision est un pouvoir.** Toutes les caractéristiques sont nécessaires pour nous donner satisfaction.

Notre vision et nos décisions ne doivent pas être un suivisme. Avoir un modèle de réussite doit être une source de motivation. Vous êtes libre d'élargir votre horizon. Ayez de grandes ambitions, rien ne vous y empêche. Aussi pouvez-vous décider maintenant de devenir un "AS" dans votre série ? C'est possible, seule votre décision est la clé. Vous pouvez sortir de vos limites psychologiques si vous décidez et prenez conscience que vous êtes le seul à décider de votre vie.

Être premier de sa classe, concrètement ne veut rien dire, arrêtez de vous identifier à un rang. La vrai question est : "ai-je la moyenne la plus élevée de mon pays ?" Si vous avez 16/20 de moyenne, il faut savoir que vous pourriez encore faire mieux. Ce qui est sûr quelqu'un avant vous, ou à votre présence ou encore après vous aura plus que ce que vous avez obtenu comme moyenne. Challengez-vous chaque instant, tutoyez une moyenne de 19/20 et plus.

✓ Quelles sont les cinq (5) décisions clés que vous allez d'ores et déjà prendre pour faire la différence et devenir un "AS" de votre promotion ?

Exemple : ***Décision N°1*** : je révise mes cours pendant 30 min chaque matin et cela devient une routine à tel point que je le fais chaque jour même les week-ends

Décision N°2 : j'augmente les heures de révision de mes cours d'une (1) Heure, spécialement pour les matières dans lesquelles je dois m'améliorer.
Mes décisions à engager ...

Décision N°1 : ______________________________________
____
____
____

Décision N° 2 :

Décision N° 3 :

Décision N° 4 :

Décision N° 5 :

SECRET 4

LE RESPECT DE SOI ET DE SON ENVIRONNEMENT

« Notre environnement n'est que le reflet de notre intérieur (ce que nous sommes). Nul ne peut espérer le succès sans une discipline personnelle ». Patrick LEROUX

Etablir son emploi du temps personnel et avoir une rigueur d'applicabilité et de respect de cet emploi du temps. Ceux qui réussissent sont des personnes qui gèrent au mieux leur temps et qui savent agir. Pour atteindre notre brillante réussite, nous devons respecter notre emploi du temps et éviter la procrastination.

« Demain est une illusion, c'est maintenant le meilleur moment pour déclencher vos actions ».

Comment établir son emploi du temps ?

Il ne suffit pas de confectionner un emploi du temps personnel juste pour la forme, mais c'est de s'efforcer à le respecter. Un emploi du temps personnel ne doit pas contenir des choses qu'on ne fait jamais.

Avant d'établir son emploi du temps il faut se mettre en situation :

- Créez un vide dans votre tête afin de mieux réfléchir à tout ce que vous faîtes souvent.
- Munissez-vous d'un crayon pour les énumérer l'un après l'autre. Aucune activité n'est à négliger, même les heures de cuisine, de feuilleton, de match

de football, des émissions télévisées doivent être inclues.

- Ensuite après avoir listé ces activités, notez les heures auxquelles vous les menez souvent.

- Après prenez votre emploi du temps de classe et essayez de fédérer toutes ces activités en fonction de ce dernier. Veuillez à ce que l'emploi du temps personnel soit le plus souple possible afin de vous faciliter son applicabilité ou son respect.

« L'emploi du temps personnel constitue donc une loi ou une norme que vous vous êtes fixée. La loi étant contraignante, vous devez faire chaque jour l'effort pour la respecter ».

EMPLOI DU TEMPS PERSONNEL

Horaire	Lun.	Mar.	Mer.	Jeu.	Ven.	Sam.	Dim.

Si vous êtes avec vos parents, tuteurs etc. prenez soin de leur donner une copie de votre emploi du temps. Faites leurs prendre connaissance de vos priorités et mettez-vous d'accord. Collez votre emploi du temps à un endroit de sorte à le consulter chaque jour.

L'un des plus grands défis de la performance au cours de l'année est la gestion efficace des week-ends et des jours de congés. Cette fiche d'optimisation journalière vous permettra de mieux structurer vos jours fériés, les week-ends et surtout les congés. Je précise que nous pourrons l'utiliser pour programmer nos priorités afin de pouvoir les réaliser chaque jour. Rappelez-vous que la réussite n'est que le cumul de petits efforts fournis chaque jour.

FICHE D'OPTIMISATION DE LA PERFORMANCE JOURNALIERE

	Ordre	Observations(i)
Lundi	**Priorité 1 :**	
	Priorité 2 :	
	Priorité 3 :	
	Priorité 4 :	
	Priorité 5 :	

	Ordre	Observations
Mardi	**Priorité 1 :**	
	Priorité 2 :	
	Priorité 3 :	
	Priorité 4 :	
	Priorité 5 :	

Mercredi	Ordre	Observations
	Priorité 1 :	
	Priorité 2 :	
	Priorité 3 :	
	Priorité 4 :	
	Priorité 5 :	

Jeudi	Ordre	Observations
	Priorité 1 :	
	Priorité 2 :	
	Priorité 3 :	
	Priorité 4 :	
	Priorité 5 :	

Vendredi	Ordre	Observations
	Priorité 1 :	
	Priorité 2 :	
	Priorité 3 :	
	Priorité 4 :	
	Priorité 5 :	

Samedi	Ordre	Observations
	Priorité 1 :	
	Priorité 2 :	
	Priorité 3 :	
	Priorité 4 :	
	Priorité 5 :	

	Ordre	Observations(i)
Dimanche	**Priorité 1 :**	
	Priorité 2 :	
	Priorité 3 :	
	Priorité 4 :	
	Priorité 5 :	

(i)Observations : si la priorité est réalisée vous pourrez mettre "ok". Si c'est le cas contraire vous mettez "non". Au cas où, vous avez souhaité à la fin de la journée faire des ajustements, vous mettez "la nouvelle décision que vous venez de prendre".
N.B. : Vous devez donc développer l'habitude de reproduire cette fiche chaque jour si possible mais surtout et systématiquement tous les week-ends, les jours de congés et les jours fériés.

Faites une revue de performance chaque mois à partir de vos notes et de votre niveau d'assimilation de chaque matière/UE. A partir de cet instant, vous pourrez modifier votre emploi du temps et la fiche d'optimisation de la performance journalière en fonction des résultats attendus.

FICHE DE LA REVUE DE PERFORMANCE

Matières/ UE	Moyenne des notes	Taux (%) d'assimilation	Nouvelle orientation

RESPECTEZ LES REGLEMENTS INTERIEURS DE VOTRE ETABLISSEMENT SCOLAIRE

Nouez de bonnes relations avec l'administration et les enseignants. « **La seule manière de vivre libre et épanoui, c'est de respecter les normes de la société à laquelle on appartient** ».

J.J ROUSSEAU

Sachez gérer votre temps à la maison : n'attendez pas que les travaux domestiques viennent vers vous mais au contraire vous devez aller vers ces travaux. Vous devez impacter votre environnement et non subir les actions et les effets venant de ce dernier. « **Ceux qui se plaignent ne trouvent des gens que pour les consoler, mais ceux qui travaillent attirent des gens prêts pour les faire avancer** ».

Aimeriez-vous être dérangé au moment où vous révisez vos cours parce que vous ne vous êtes pas acquittés de vos travaux domestiques ?______________________

Listez en détail les travaux domestiques qui vous

bouffent du temps et de l'énergie et dont vous devez vous acquitter avant d'être souvent dérangé par ces derniers.

1) ____
____
____

2) ____
____
____

3) ____
____
____

4) ____
____
____

Action : Priorisez les et accomplissez vos devoirs avant de vous sentir obliger de les faire

ONZE QUESTIONS D'AUTO-RECADRAGE

1) Il y a ceux qui regardent le soir la télé et il y a d'autres qui prennent un livre ou leurs cahiers pour se former.
   Quelle personne êtes-vous ?
   ....
   ....
   ....
   ....

2) Quand l'un voit un problème, l'autre se dit quelle

chance je vais en tirer ? qui êtes-vous ? sachons que chaque problème a une infinité de solutions et la plus simple est : « je ne peux pas...j'abandonne. » Cette solution est réservée aux lâches et je crois que vous n'appartenez pas à ce groupe de personnes.
Décrivez la personne que vous êtes.
....
....
....
....
....

3) La majorité se dit demain je vais apprendre mes leçons, la minorité se dit je commence maintenant pour ne pas être surpris en fin d'année.
Quel type de personne êtes-vous ?
....
....
....
....

4) Beaucoup d'élèves mettent plus de volonté dans leur amusement, la minorité se met à fond et avec plaisir dans la révision de leurs cours.
A quel groupe appartenez-vous ?
....
....
....
....

5) Les perdants discutent des banalités (football, feuilleton, vie des stars...), les gagnants passent leur temps à questionner les experts (professeurs, parents, ainés...)
Et vous ?

....
....
....

6) 97% des élèves ne se fixent pas des objectifs et échouent, 3% seulement des élèves se fixent des objectifs précis et réussissent brillamment. Est-ce un hasard ?
Et vous, qui êtes-vous ?
Je fais un rappel de mon objectif de moyenne cette année ....
....
....
....

7) Il y a ceux qui se contentent de penser positif (rêver) et d'autres qui pensent positif et agissent. Qui êtes-vous ? quelle est la chose que je dois faire et que je manque le courage d'entamer ?
Décris-le et passe à l'action.
....
....
....
....

8) Ceux qui échouent, considèrent qu'une minute perdue ne vaut rien, et d'autres qui réussissent la considèrent plus précieuse que le diamant. Si cela vous concerne, dites-nous quelle est votre décision ici et maintenant pour éviter de procrastiner (de remettre à demain).

L'appétit vient en mangeant, commencer et vous serez surpris des innombrables idées d'approche de solutions qui naîtront en vous.

....

....

....

....

9) Les élèves qui manquent d'argent pour s'offrir des cours de renforcement (répétition) dépensent pour leur plaisir, mais ceux qui bâtissent leur réussite, investissent dans des livres et cours de renforcement.
Qui êtes-vous ? Combien décidez-vous de mettre de côté chaque jour de la semaine pour vous offrir à vous-même un cours de renforcement de capacités (répétition).

....

....

....

....

10) Il y a ceux qui croient que réussir avec 19/20 de moyenne est impossible à atteindre, et d'autres qui pensent que par leurs efforts et leur détermination ils vont l'avoir.
A quel groupe appartenez-vous ?

....

....

....

11) Quand on a un entourage négatif, il est facile de trouver des excuses à ses échecs. Pour être accompagné de gens positifs, il suffit de s'appliquer au travail. Quand je me retrouve avec un ami à l'heure de travail de groupe, nous commençons à travailler en espérant l'arrivée des autres camarades

ou nous perdons du temps et de l'énergie à causer sans rien faire de concret.

Quelle est votre décision ?

....

....

....

....

....

PRATIQUE : soyez sincère envers vous-même. Donnez des réponses claires et précises.

Prenez chaque réponse donnée et posez-vous la question: **« que dois-je faire pour m'améliorer ? ».** Explorez toutes les éventualités de réponses et prenez la meilleure décision. Soyez fidèle à votre décision et AGISSEZ.

Sachez que c'est vous qui décidez de votre vie. Si vous êtes conscient de cette réalité, décrivez dans les détails l'image que vous vous faites de vous-même.

En classe ....

....

....

....

En famille..

....

....

....

En groupe

....

....

Quelle meilleure image désirez-vous avoir de vous-même partout où vous êtes ?

Exemple : ***Je suis fier de moi, je me sens bien dans ma peau et j'ai le sentiment d'accomplir mon rêve.***

....

....

....

....

....

RAPPELS DES FONDAMENTAUX

Les trois ingrédients du succès

- Les objectifs
- L'action
- L'enthousiasme

❖ Les objectifs :

Revoir le cours précédent sur " **créer son cadre de réussite".**

❖ L'action :

Le génie est dans le premier pas, la première démarche, la première initiative, même très modeste. Commencez immédiatement, démarrez immédiatement votre projet de vie, vision ou objectif sans attendre demain. Demain n'arrive jamais !!! Commencez par associer vos pensées-objectifs avec une action concrète chaque jour (même petite).

Seuls les désirs forts associés à une action convergente voient leurs réalisations. C'est beaucoup plus simple que vous ne l'imaginez. Vous obtiendrez des résultats remarquables ! Quand l'action se marie avec la pensée, la "magie" du changement et de la transformation produit une alchimie phénoménale.

C'est **UN GRAND SECRET** du succès. Associez toujours une action à votre pensée ou objectif. **L'action Libère vos Forces subconscientes !** C'est un des aspects surprenant de cette Formule.

Vos "forces subconscientes" déploient toutes leurs PUISSANCES quand vous vous mettez à Agir **mais agissez avec une attitude mentale positive ...** et vous réussirez !

❖ **L'enthousiasme** :

Le mot "enthousiasme" veut dire littéralement ***"être habité par Dieu".***

On ne peut rien réaliser sans enthousiasme. Cette force est la plus magique et la plus puissante qui soit. Elle balaye chaque obstacle, aussi dense soit-il, qui se présente devant vous. Développez votre enthousiasme ! Soyez toujours rempli de joie et de bonheur.

Remplacez les mots :

- ➡ Problèmes
- ➡ Difficultés
- ➡ Échecs
- ➡ Découragement
- ➡ Difficile
- ➡ Impossible, etc.
- ➡ Par "Défi" !

COMMENT APPRENDRE ET MIEUX MEMORISER

Mieux connaître le fonctionnement de la mémoire humaine

La mémoire c'est la vie. Aussi la mémoire est-elle essentielle à la survie de l'organisme que l'air, l'eau ou la nourriture. La mémoire est la capacité à rappeler les connaissances et habiletés acquises de façon appropriée quand le besoin s'en fait sentir. La réussite des études dépend de plus en plus des habiletés intellectuelles et sociales sous-jacentes à l'acquisition, à la rétention et au rappel des connaissances. Si cela est le cas, alors comment faut-il apprendre et mieux mémoriser ? Apprendre, cela s'apprend. Certains découvrent leur méthode idéale d'apprendre très tôt, tandis que d'autres un peu tard. Cependant, avec un peu d'astuces et de persévérance tout le monde peut y parvenir.

COMMENT ETUDIER EFFICACEMENT EN CINQ (05) ETAPES

1ère étape : boostez votre motivation
Apprendre, cela demande d'abord de la motivation. Quels sont mes objectifs ? Mon objectif général et ceux spécifiques. Pourquoi je dois apprendre ? Ces auto-questionnements vous amènent à vous motiver. La motivation vient autant de vous-même que de votre entourage. Maintenant, passez à l'action et boostez votre engagement, ainsi vous démunirez votre stress et regagner une certaine maîtrise de vos études. **« Rien n'aide autant à réussir si on sait qu'on doit réussir».** Ayez donc confiance en vous et renouvelez votre envie de réussir.

2ème étape : reprenez contact avec le cours
L'attention particulière requise lors de la dispense du cours compte pour 75% dans sa compréhension et mémorisation. Le reste, 25% est composé de la relecture, l'exercice de mémorisation et la révision. La relecture doit être faite le même jour où nous avons suivi le cours. Lisez lentement et attentivement, car ce n'est pas une simple lecture mais un "contact". Au cours de la relecture, rappelez-vous de ce que l'enseignant en a dit. Prenez éventuellement quelques notes rapides. Après, faire un résumé du cours en se basant sur les points relevés dans **les objectifs pédagogiques** du cours. Ensuite, passer à la mémorisation du cours. Soulevez les passages incompris pour demander des explications, **consultez votre dictionnaire (ayez toujours un dictionnaire à côté)** pour rechercher l'explication des mots qui vous

semblent difficiles. Une lecture approfondie, attentive vous permet de vous baigner dans des sensations, images, sons, émotions et impressions que vous avez ressentis lors du cours.

3ème étape : réactivez votre mémoire
Le secret de la mémorisation, c'est d'abord de comprendre, ensuite de répéter. Il ne s'agit pas d'apprendre par cœur, mais bien de comprendre, de créer des liens entre les éléments, entre les parties du cours. L'étape de la réactivation n'est rien que l'auto-exercice. S'exercer vous permet de vous appliquer et programmer le cerveau à répondre aux éventuelles questions. Retenir et restituer sont deux activités cérébrales différentes. Cela demande donc des techniques si l'on veut être efficace. La technique infaillible reste l'auto-exercice.

4ème étape : réutilisez la matière
Vous avez emmagasiné une certaine quantité d'informations. Il est temps d'aller plus loin, de la transformer en connaissance mobilisable ! C'est-à-dire de vous approprier la matière, de la relier à ce que vous connaissez déjà, d'activer les zones du cerveau qui vous permettront de répondre à des questions. Réorganisez vos connaissances et transmettez ce que vous avez appris par vos propres mots.

5ème étape : révisez à long terme
Lorsque vous apprenez de nouvelles choses, votre cerveau crée de nouvelles connexions. Il relie vos nouvelles notions à celles que vous connaissez déjà. Mais pour que ces connexions se stabilisent et deviennent vraiment de la mémoire à long terme, votre cerveau a

besoin d'environ trois (03) mois. C'est le temps qu'il faut pour consolider de nouveaux acquis. Facilitez la tâche à votre cerveau. Répétez les exercices, variez les points de vue, relisez vos notes, vos résumés, réexpliquez-vous les détails les plus difficiles. Prenez du plaisir à apprendre.

MEMORISATION : TROUVEZ VOTRE STRATEGIE

Pour mémoriser, chaque individu a sa propre stratégie mentale : visuelle, verbale, auditive, kinesthésique.... Pour réussir vos études et vos examens, il faut absolument trouver la vôtre et l'améliorer.

- Si vous êtes visuels, faites des fiches qui reprennent les données essentielles de chaque chapitre en veillant à ce qu'elles soient claires et bien structurées. Apprenez avec des schémas, des tableaux et cartographies.
- Si vous êtes auditif et verbal, n'hésitez pas à parler à voix haute pour apprendre des passages du cours, mais surtout vous gagnerez beaucoup à reformuler avec vos mots. De même le fait de réciter votre cours à quelqu'un vous aidera à mémoriser, à vérifier vos acquis et à gagner en précision.
- Enfin, certains ont besoin de bouger, de marcher pour mémoriser ce qu'ils apprennent : c'est une approche plutôt kinesthésique. Ils n'arrivent pas à se concentrer et le mouvement leur permet d'évacuer leurs émotions.

Et vous ? Demandez-vous si vous faites plutôt des évocations visuelles, auditives ou verbales. Attention, il se peut très bien que vous utilisiez deux ou plusieurs modes à la fois. Sachez que l'utilisation de plusieurs types est excellente.

Fort de vos expériences passées, décrivez brièvement comment vous vous êtes sentis après avoir une fois essayé l'un des trois styles précités.

Visuel :

____
____
____
____
____

Auditif : ____________________________________
____
____
____
____

Kinesthésique : ______________________________
____
____
____
____

Quel est votre style de mémorisation ?

____
____
____
____
____

LA LIBERATION : CE QU'IL FAUT SAVOIR ET DEMEURER GAGNANT

■ **Derrière toute réussite,**

Il y a cette chose magique appelée : **''La volonté''.** Quand votre volonté est assez forte, vous aurez des pouvoirs presque surhumains pour réussir. Personne n'a pu encore expliquer ce phénomène étrange de l'esprit. Peut-être que personne ne pourra jamais l'expliquer. Mais si vous doutez de son existence, vous n'avez qu'à l'expérimenter pour vous convaincre.

Imaginez que dans un bâtiment qui prend feu, toutes les portes et les fenêtres sont fermées. Vous développeriez probablement assez de force pour briser une porte en raison de votre volonté farouche - de vous libérer. **La réalisation de votre objectif défini, vous pourrez le faire uniquement si votre volonté est assez intense.**

''L'audace a du génie, du pouvoir et de la magie."
Johann Von Goethe.

SEPT (07) CHOSES A FAIRE POUR AUGMENTER SON QUOTIENT INTELLECTUEL

- Evitez de prendre des stupéfiants (café, alcool, tabac...)

- Evitez de veiller sous prétexte que vous révisez vos cours. Le cerveau a besoin de repos pour l'engramme. Dormir suffisamment. Se coucher tôt pour se réveiller tôt.

- Faites régulièrement du sport. En moyenne **trente (30) minutes** par jour

- Mangez des fruits, des légumes et buvez suffisamment d'eau afin d'hydrater le corps et oxygéner le cerveau. Ceci est très efficace pour faire le plein d'énergie et rester en bonne santé.

- Reposez-vous quand vous êtes fatigués. Un cours appris en somnolant est comme remplir d'eau une jarre trouée en bas. Vous ne retiendrez rien.

- Pour vos jeux, choisissez des jeux de stratégie pour développer la mémoire ou des jeux qui mettent la mémoire à rude épreuve. Exemples : jeux de scrabbles, jeux de dames etc.

- Priez ou faites une méditation biquotidienne (matin et soir) et ayez foi en **Dieu.**

CONCLUSION

En récapitulatif, le succès n'est pas fortuit dans la vie, car cela se construit. Il faut d'abord le concevoir en idée et ensuite se donner les moyens pour le réaliser. La mise en application rigoureuse de toutes les étapes parcourues dans ce document nous amènera inéluctablement vers une excellence académique que nous imaginons toujours irréalistes.

De nos jours, si on choisit les meilleurs candidats lors des concours de recrutement pour occuper des postes clés, les jeunes apprenants qui sont appelés à être les leaders de demain, doivent commencer à cultiver l'excellence en eux depuis les bancs d'étude, afin d'augmenter leur chance de réussite professionnelle plus tard. Nous devons donc donner le meilleur de nous-mêmes à chaque année scolaire ou universitaire en visant le premier rang, au risque de ne pas avoir des regrets dans notre vie future, car ne dit-on pas souvent qu'il vaut mieux avoir des remords que des regrets, puisque les remords sont éphémères tandis que les regrets sont éternels.

Achevé d'être imprimé le : 14 Octobre 2019

Tél : **00228 921-07-275** / E-mail : **komlanadjogble@gmail.com**
Mise en page : Spéro E. TOHONOU-MENSAH

Printed by Books on Demand GmbH, Norderstedt / Germany